SI TOCO...

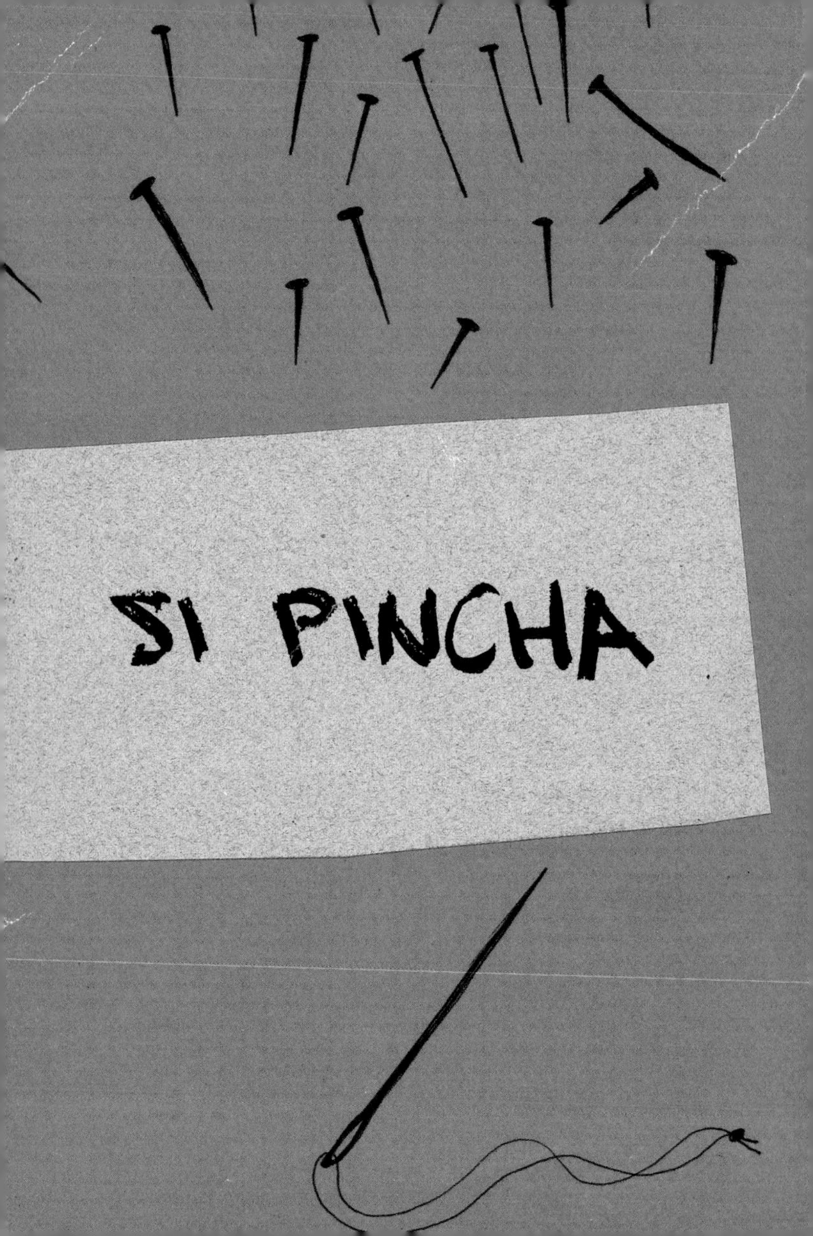
SI PINCHA

DIBUJA AQUÍ

EL CONTORNO DE TU MANO

¡QUÉ BONITO ES ACARICIAR A ALGUIEN!

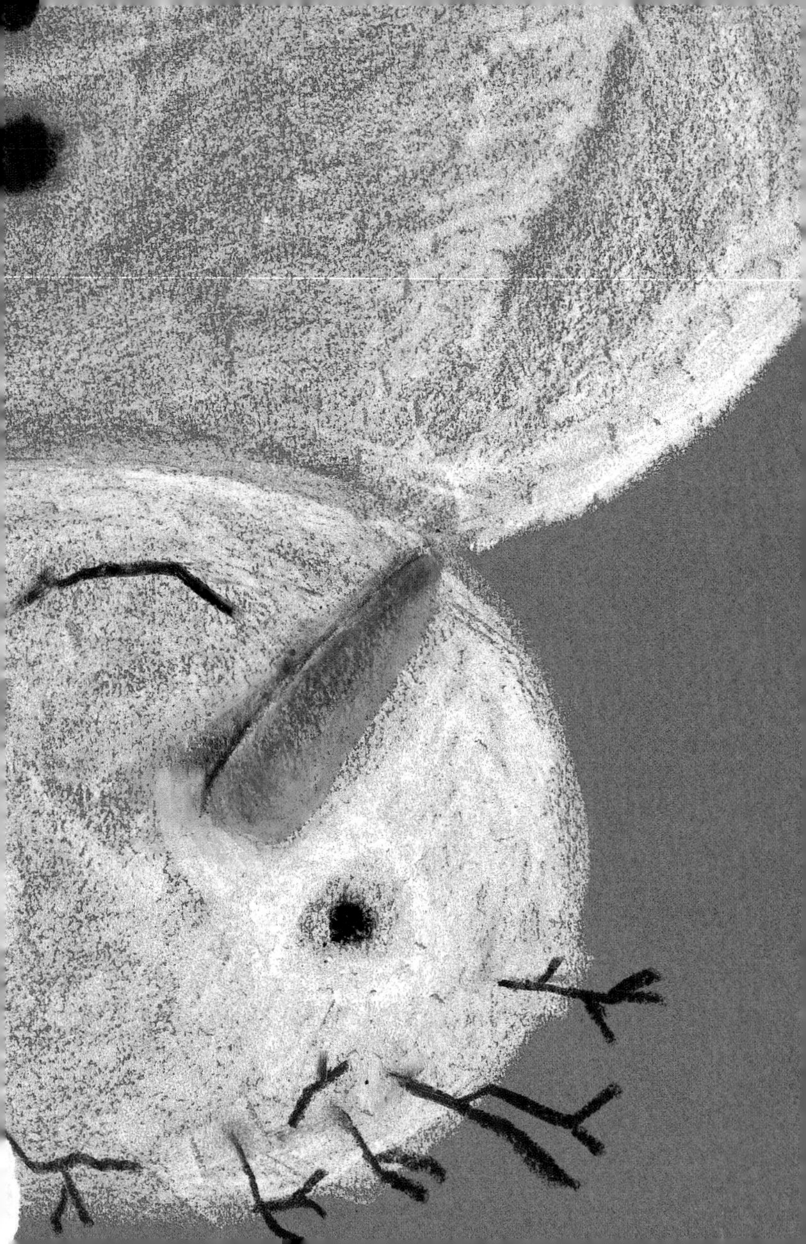

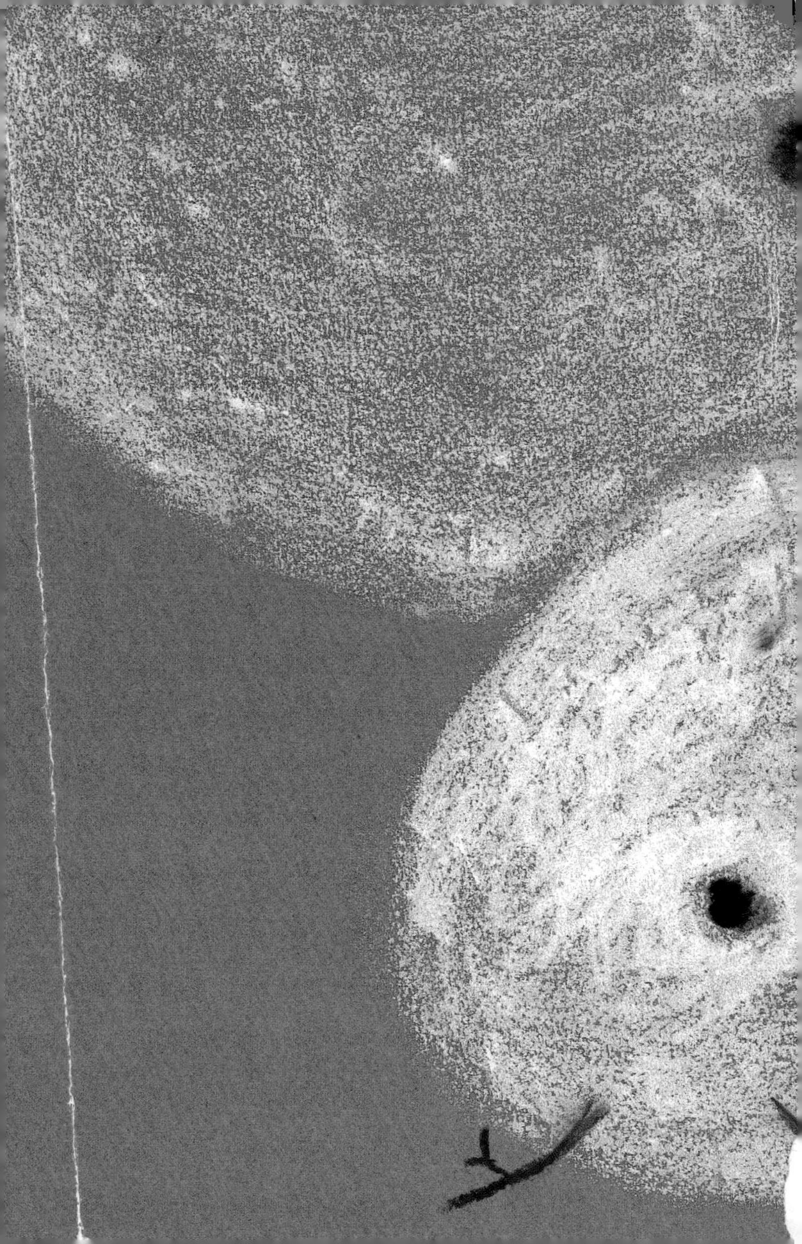

ES UN...

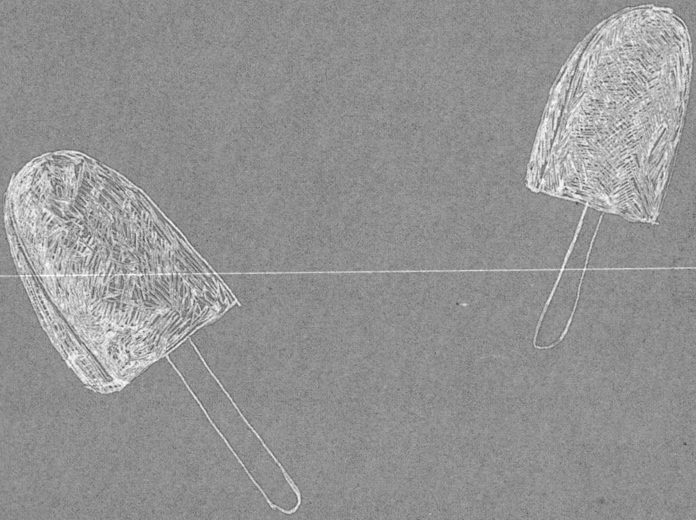

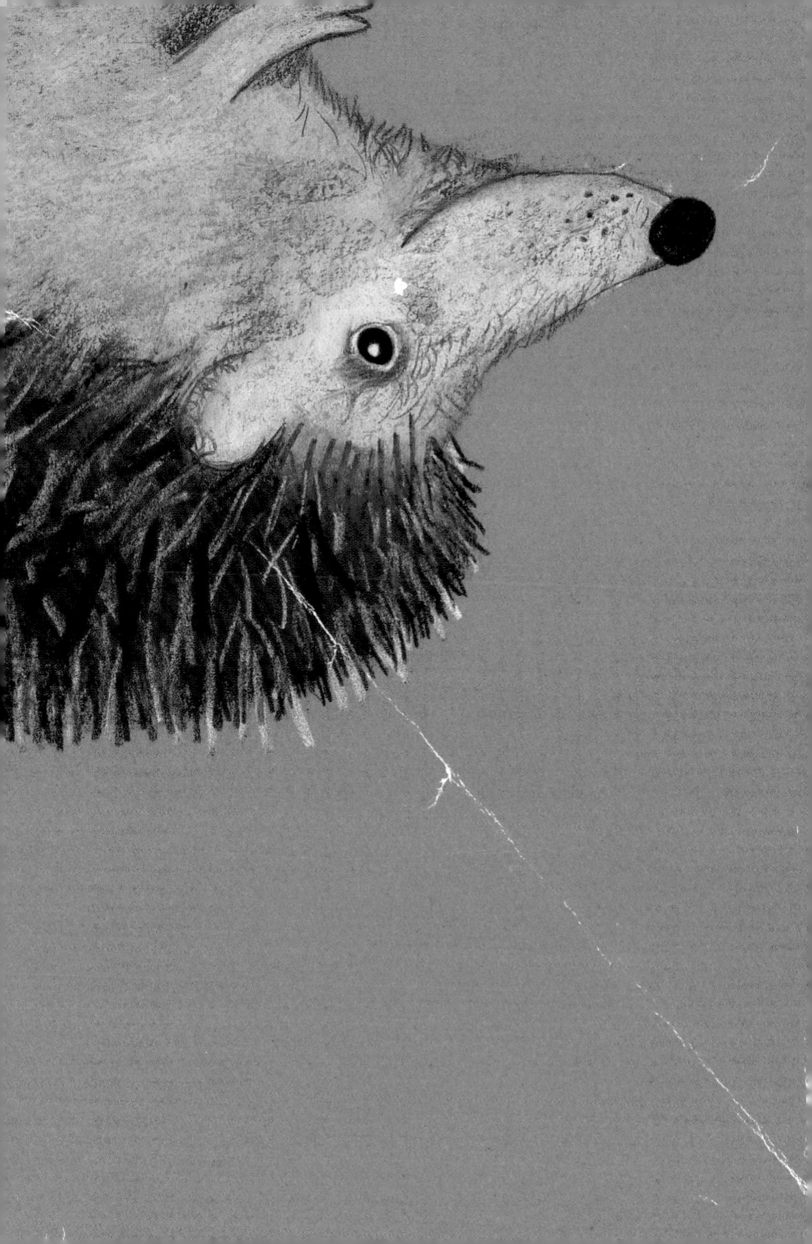

SI ES ÁSPERO

ÉS UN...

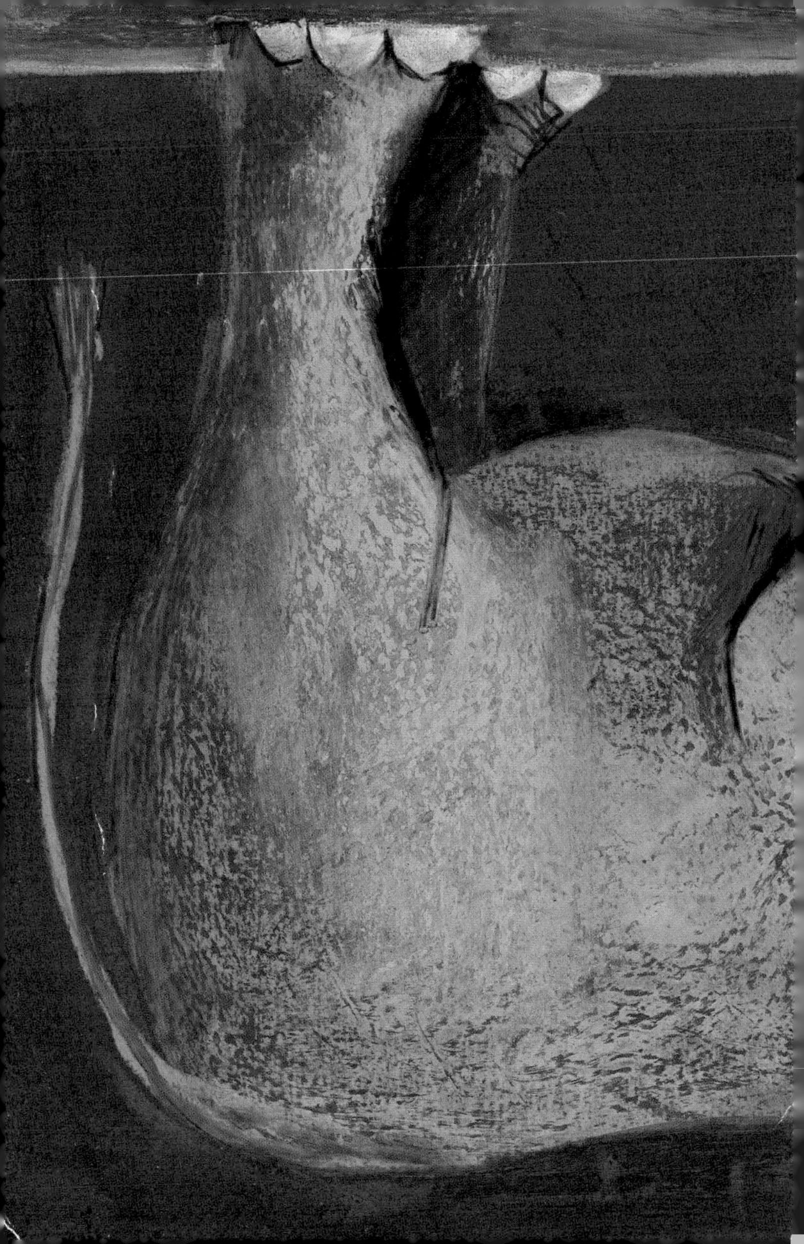

SI ES BLANDO

ÉS UN...

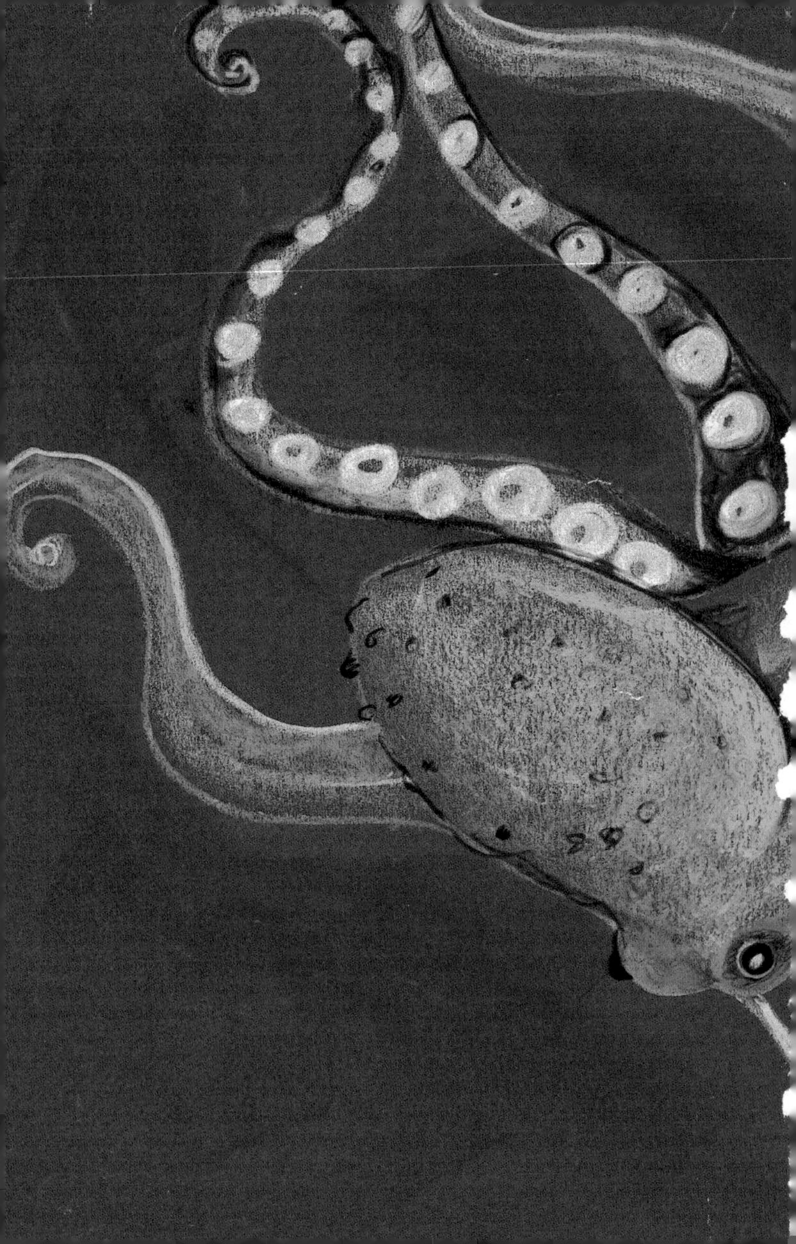

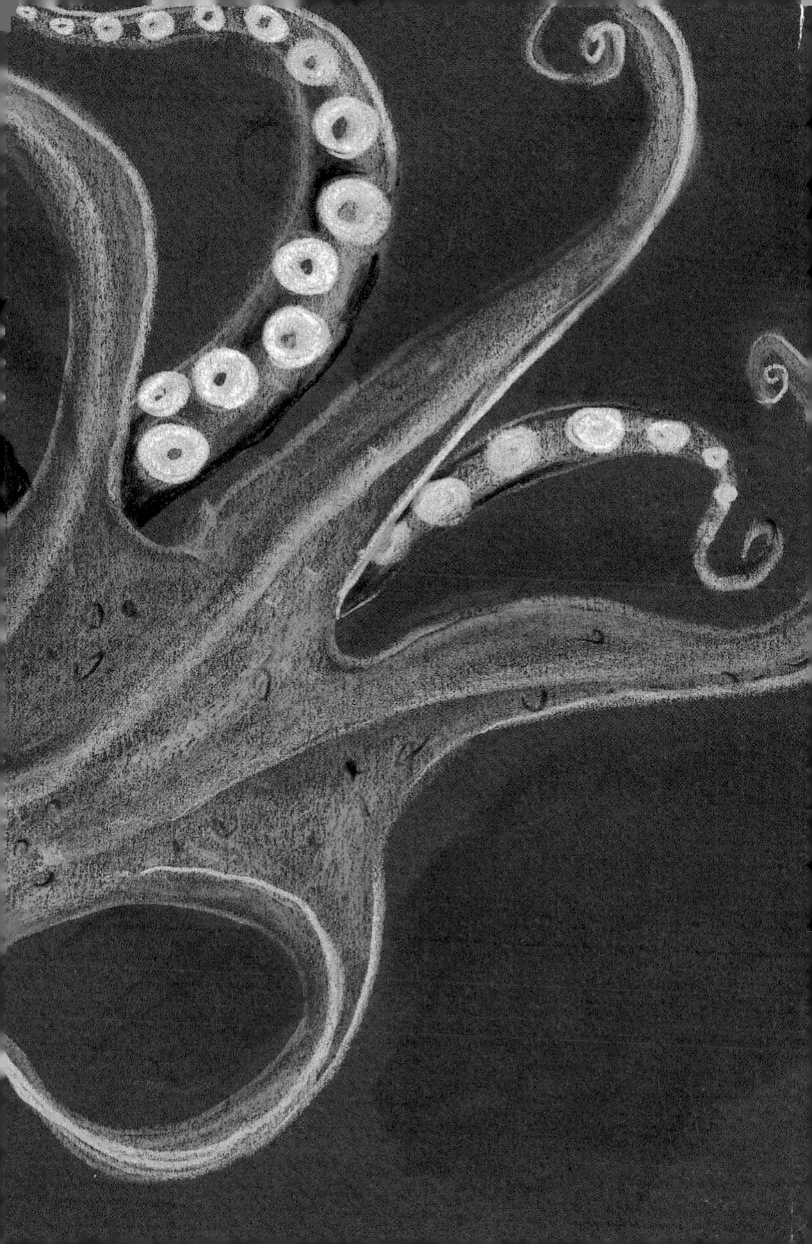

SI ES DURO

ES
UNA...
3
4
5
9
2
8
7
0

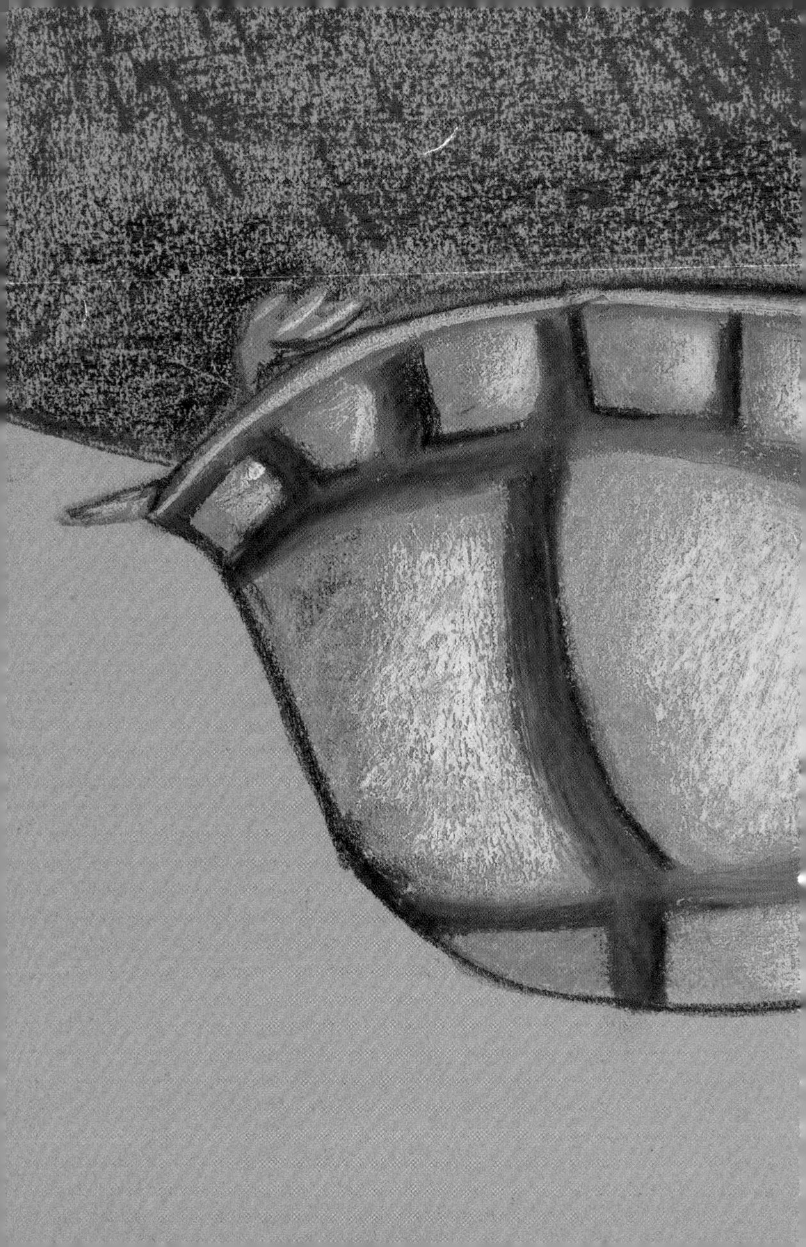

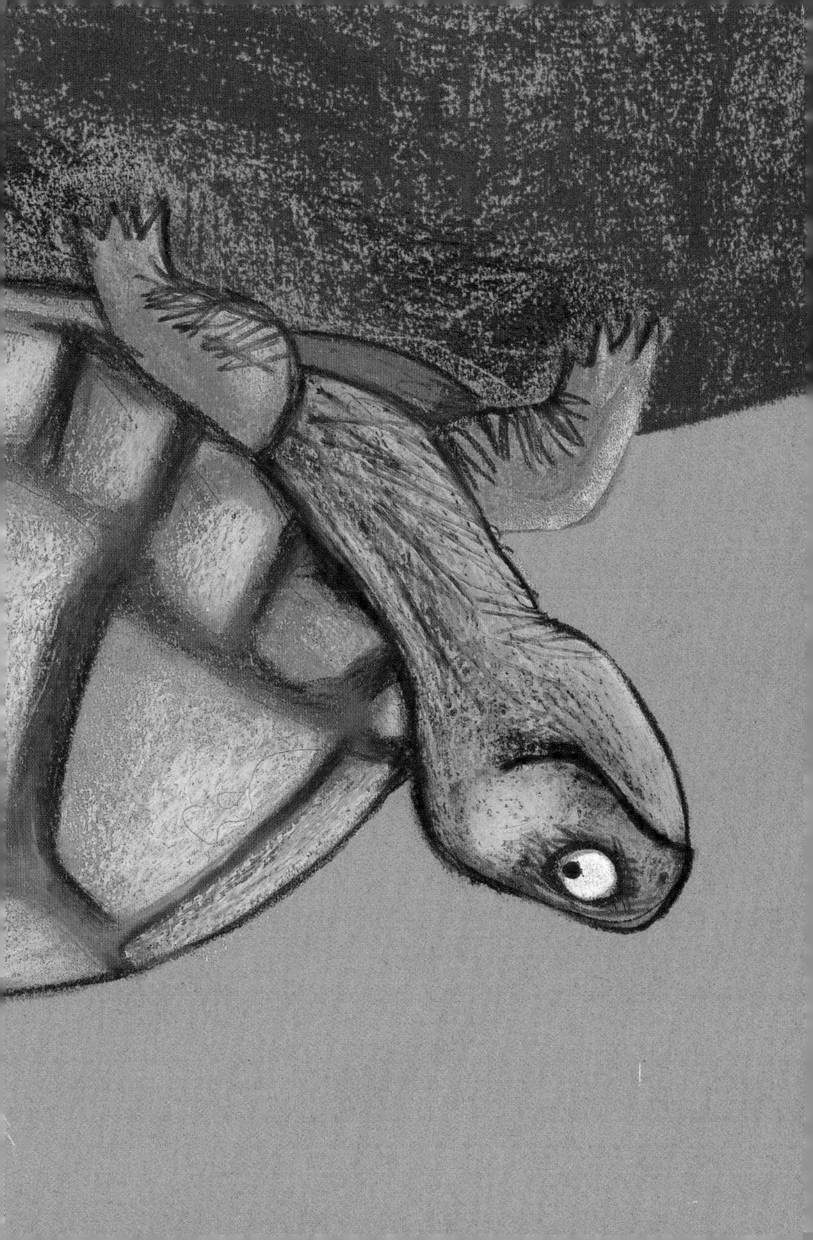

SI ES SUAVE

ES UN...

SI ES FRÍO